AF349294

lonely planet
TOM HALL
Compañía aérea
Clase
Categoría
Información de embarque
LOS MEJORES
CONSEJOS
PARA VIAJAR
SECRETOS Y TRUCOS
DE LOS EXPERTOS
geoPlaneta

LOS MEJORES **CONSEJOS**

PARA VIAJAR

DE TOM HALL

LA GUÍA CON LOS MEJORES SECRETOS Y CONSEJOS DE LOS EXPERTOS

CÓMO CAZAR LAS MEJORES OFERTAS

CÓMO SUBIR DE CATEGORÍA

CÓMO VIAJAR CON SEGURIDAD

SUMARIO

GUÍA RÁPIDA ANTES DE LA AVENTURA

INTRODUCCIÓN

Para un friki de los viajes, un libro como este es el encargo soñado: la misión de condensar en 50 consejos y en tamaño bolsillo toda la información relevante sobre viajes que circula por el mundo. Aparte de descartar los consejos más obvios e innecesarios, como "no hay que tomar el sol hasta quedar rojo como una gamba", también tuve que prescindir de los que podían resultar excesivamente raritos/extraños/crípticos, como las instrucciones para conducir un *husky* u orientarse por los canales de la laguna de Pohnpei.

Para afrontar este reto, hemos tenido que dividir el mundo de los viajes en diferentes temas y encontrar expertos que pudieran

La idea es ofrecer al viajero consejos universalmente válidos para cualquier parte del mundo adonde vaya.

hablar sobre cada uno de ellos con conocimiento de causa. Hemos contactado con decenas de personas expertas en viajes para no dejar ningún tema sin tratar, desde la tecnología a la aventura, y desde la exploración de las ciudades hasta el contacto con lugareños y con otros viajeros. La idea de este libro es ofrecer consejos universalmente válidos que puedan ser útiles al viajero en cualquier parte del mundo y con cualquier presupuesto. Y si por el camino se nos ha escapado algún que otro secreto profesional, no nos preocupa demasiado (y seguramente al lector tampoco).

Tom Hall

LOS 50

MEJORES CONSEJOS PARA VIAJAR

VUELOS MÁS BARATOS: CÓMO Y CUÁNDO

Las preguntas más frecuentes

¿Cuándo se ponen a la venta los billetes para un vuelo?

Normalmente, con once meses de antelación. El motivo de ello se remonta a los tiempos en que las reservas se hacían sobre planos impresos con la disposición de los asientos: era un recurso de las aerolíneas para evitar confusiones de año.

Así pues, ¿habría que comprar el billete con casi un año de antelación?

No necesariamente. Las compañías pueden (y a menudo lo hacen) actualizar las tarifas cada hora mediante complejos algoritmos. Son los tejemanejes de la gestión del rendimiento para llenar al máximo los aviones y que los pasajeros paguen el precio más alto posible.

Por lo tanto, ¿cuándo es el mejor momento?

Existen tendencias generales, pero habitualmente el mejor momento es cinco semanas antes del viaje. Si se dispone de tiempo, vale la pena estudiar bien la ruta e informarse de cuándo suelen ofrecerse los billetes más baratos; cambiar el día y la hora de salida puede resultar muy ventajoso.

¿Y si el viaje coincide con una época de gran demanda, como Navidad?

En tal caso conviene reservar con mucha antelación: habrá billetes de todas las clases, se podrá escoger el asiento deseado y el precio será mucho más bajo que cuando se aproxime la fecha.

Filip Filipov, director de B2B, Skyscanner

GANGA

BILLETES DE AVIÓN AL MEJOR PRECIO
Cómo atrapar una ganga en las rebajas de las aerolíneas

Cuando a la necesidad de ocupar todas las plazas se une el extraordinario y reciente aumento de la capacidad de los aviones en las principales rutas internacionales, los pasajeros pueden, teóricamente, conseguir grandes ofertas en la compra de los pasajes.

1 Según Stuart Lodge de roundtheworldfli ghts.com: "Las aerolíneas suelen hacer ofertas en enero y septiembre. Las compañías intentan llenar las plazas para la siguiente temporada media –de marzo a mayo en la primera oferta, y de octubre a noviembre en la segunda–. También pueden lanzar ofertas fuera de estas épocas, pero no son tan habituales".

2 Si el viaje coincide con las vacaciones escolares u otra época de gran demanda, es inútil esperar a las ofertas, porque no habrá.

3 Por definición, las ofertas de billetes suelen limitarse a las rutas menos solicitadas. Las que tienen una alta demanda no suelen aparecer.

4 Las aerolíneas a menudo se imitan unas a otras y provocan un efecto dominó de descuentos. No es infrecuente que haya seis aerolíneas con ofertas al mismo tiempo.

5 Para enterarse de las ofertas conviene suscribirse a los avisos por correo electrónico y a las redes sociales de las compañías. Es la forma en que suelen anunciarlas.

BOARDING PASS

EL MEJOR BILLETE PARA LA VUELTA AL MUNDO

Consejos de Stuart Lodge para comprar el billete más completo (roundtheworldflights.com)

Cuándo partir

Para obtener el mejor precio, o al menos evitar las temporadas altas (julio, agosto, diciembre y enero), conviene viajar entre mediados de abril y junio. Si en dicha época se viaja de este a oeste, el buen tiempo acompaña para dar la vuelta al mundo.

Elegir el destino

Mucha gente organiza el viaje en base a dos o tres destinos que quiere visitar ineludiblemente. Téngase en cuenta que incorporar Sudamérica suele complicar y encarecer la ruta.

Cómo funciona

Casi todo el mundo hace varios cambios a partir de la reserva inicial. Los billetes flexibles son más caros, pero a la larga ahorran dinero.

Cuándo no hay que usar el billete

Algunos destinos, como Indonesia y numerosos países de Sudamérica, son muy solicitados pero no suelen ofrecerse en los viajes alrededor del mundo. Si se quieren visitar, resulta más económico y fácil desplazarse hasta un aeropuerto internacional próximo y tomar un vuelo de enlace de bajo coste, y luego reanudar la vuelta al mundo.

¡Tierra a la vista!

Los tramos abiertos de la vuelta al mundo permiten realizar un largo trayecto en tren para ver el mundo desde tierra. Si el viajero considera que la ruta es demasiado turística, puede desviarse trazando una V en vez de seguir en línea recta entre dos puntos A y B.

CINCO CONSEJOS PARA VIAJAR LIGERO
De la mano de Doug Dyment, conferenciante experto en viajes, gurú de los viajes ligeros y creador de OneBag.com

1 Solo hay un verdadero "secreto" para viajar ligero: una lista adecuada y personalizada para hacer el equipaje. Es un pacto que uno hace consigo mismo, el compromiso personal de no poner en la maleta nada que no figure en la lista. Esta, que se puede adaptar a destinos que van desde la India a Inuvik, no tiene por qué incluir más cosas de las que puedan caber en el equipaje de mano.

2 Hay que informarse. Las maletas que hay en el mercado están pensadas para venderse fácilmente, pero no para aligerar el equipaje. Conviene estudiar el diseño (forma, estructura) y la fabricación (tejidos, cremalleras). El viajero puede descubrir que la principal función de una maleta con ruedas es sostenerse sola, pero no transportar de forma eficiente sus pertenencias.

3 El viajero ligero debe evitar los líquidos y geles; son pesados, voluminosos, pueden derramarse (sobre todo en los aviones) y generar sospechas en los controles.

4 Conviene lavar algunas prendas. No tiene por qué ser una lata: si se hace bien y de forma regular, no es más pesado que lavarse los dientes. Con el equipo adecuado (tendedero de viaje, detergente en polvo y tapón de lavabo universal), tres mudas de ropa interior serán suficientes.

5 Hay que coordinar los colores. Para aprovechar al máximo una modesta cantidad de ropa, todo debe combinar con todo.

5 REVISAR LA LISTA ANTES DE PARTIR
No hay que salir de casa sin comprobar que se lleva todo lo esencial

Pasaporte

Aunque sea muy obvio, el viajero debe comprobar la fecha de caducidad del pasaporte. Algunos países exigen como mínimo una validez mínima de seis meses. Si hay que renovarlo, conviene hacerlo con tiempo, sobre todo en épocas de mayor demanda. En www.iatatravelcentre.com se pueden consultar los requisitos de visado.

Reserva previa y ahorro

Conviene reservar el aparcamiento y el cambio de moneda para el viaje, aunque sea el mismo día de la partida por la mañana. Si el viajero recoge las divisas solicitadas, debe presentar la tarjeta con la que hizo la reserva y tomar nota de si hay que ir a un determinado punto a recoger el dinero.

Viajar bien asegurado

El seguro de viaje es principalmente de salud, por lo que el coste se dispara al llegar a la edad de la jubilación. Para que sea efectivo, hay que declarar cualquier enfermedad previa, pues en caso contrario la póliza puede quedar sin validez y el interesado tener que pagar una factura muy elevada.

Desaparecidas en combate

Las maletas perdidas que sus dueños no recuperan se subastan o, en EE UU, van a parar al Unclaimed Luggage Centre de Scottsborough, Alabama (www.unclaimedbaggage.com).

PASAPOR

¡A CUBIERTO!
Qué debe incluir un seguro de viaje

Lo mejor es que la póliza del seguro sea algo de lo que no haya que preocuparse durante el viaje, pero hay que suscribirla antes de partir.

1 El seguro debe cubrir el destino...
Parece obvio, pero hay que asegurarse de que sea así, sobre todo si se viaja a destinos muy turísticos cercanos a Europa, como Marruecos o Turquía.

2 ... y las actividades
Si el viajero piensa esquiar o hacer escalada, debería asegurarse de que la póliza cubre tales actividades. Conviene leer detenidamente las condiciones, sobre todo lo respectivo a las restricciones, por ejemplo, el esquí fuera de las pistas.

3 ¿Qué cantidad cubrir?
Tal vez parezca que la cobertura médica sea exagerada y que nunca se llegará a necesitar, pero hay que tener cubierto incluso el peor de los escenarios. Conviene que el seguro tenga la máxima cobertura si se visita EE UU, donde la sanidad es cara.

4 Llevar la documentación, y una copia
Es conveniente guardar una copia de la documentación en un correo electrónico al que se pueda acceder, y registrar el número de la compañía aseguradora en el teléfono móvil.

5 Seguro y bebida no son compatibles
Algunas pólizas quedan invalidadas si el asegurado está bajo los efectos del alcohol o las drogas.

PASAPORTE

CÓMO HACER LA MALETA

El arte de enrollar la ropa

Resulta desalentador llegar al destino y encontrar la ropa hecha un revoltijo de arrugas, a pesar del cuidado con que se colocó en la maleta. Solo existe una solución, infalible además, pero que no todo el mundo sabe poner en práctica.

La técnica del enrollado evita los pliegues y que las prendas resbalen entre sí (origen de las arrugas). Para ello hay que enrollar cuidadosamente la ropa alrededor de un objeto central, que puede ser una bolsa plana llena de calcetines y ropa interior.

La ropa más susceptible de arrugarse (chaquetas, camisas) debe situarse más alejada del centro, y las prendas más resistentes (jerséis, pantalones), más cerca de él. El fardo resultante se introduce en la maleta y se sujeta con las tiras elásticas.

Como una imagen vale más que mil palabras, en internet se hallarán páginas que detallan esta técnica con ilustraciones. Se puede buscar "enrollar la ropa" o *bundle wrapping,* en inglés. Vale la pena ponerla en práctica. Se podrá incluir en la maleta incluso un elegante conjunto de lino.

Doug Dyment, conferenciante experto en viajes, gurú de los viajes ligeros y creador de OneBag.com

COSAS QUE SABE UN PILOTO DE AVIÓN
Consejos expertos para ir de A a B

Una maleta bien hecha

Gran parte de mi trabajo es rutinario, y hacer la maleta no es una excepción. En mi equipaje de mano destino un lugar separado para cada cosa importante (pasaporte, billetero, teléfono, etc.), de modo que las pueda encontrar y, sobre todo, sepa cuándo no están.

Elegir el horario

Si se realiza una ruta larga hacia el norte o el sur con mínimos cambios horarios, o sin ellos, recomiendo un vuelo diurno matutino. De esta forma se llega al destino de noche, se descansa bien y al día siguiente uno se levanta fresco. En cambio, el mismo trayecto de noche es otra historia.

Estar preparado

En el improbable caso de una emergencia, hay que poder moverse y estar preparado para lo que sea. No pasa nada por quitarse los zapatos y ponerse cómodo durante el vuelo, pero durante el despegue y el aterrizaje siempre hay que llevar pantalones largos y unos buenos zapatos.

Hidratarse

Nunca insistiré lo suficiente en la importancia de mantenerse hidratado en los vuelos largos, y no solo durante el vuelo, sino antes y después. Conviene evitar las bebidas con cafeína y el alcohol. Yo no salgo de casa sin bálsamo labial: los vuelos largos pueden agrietar los labios.

Andrew Pascoe, piloto comercial

PUERTA
DE
EMBARQUE
BOARDING PASS
PASAPORTE

VIAJAR EN UN CARGUERO
El buque de carga, una alternativa única y ecológica al avión

Estos imponentes buques conectan los puertos de contenedores de todo el mundo. Algunas navieras aceptan llevar cierta cantidad de pasajeros. Pero no les obligan a trabajar a bordo; el pasaje se paga independientemente de que se quiera ayudar pintando o barriendo.

El viaje no es un crucero. Los pasajeros van a su aire durante todo el día y comen con la tripulación. Cuando atracan en los puertos, que suelen estar lejos de los centros urbanos y a menudo en entornos inhóspitos, los pasajeros tienen que apañárselas si quieren visitar el lugar.

Navegar de este modo sale a cuenta (unos 130 US$ al día) pero a menudo es necesario reservar con un año o más de antelación. Se hallará más información en: TravLTips (www.travltips.com) para EE UU; Cruise People (www.cruisepeople. co.uk), empresa especializada del Reino Unido; y Freighter Travel NZ (www.freightertravel.co.nz), que viaja por Australia, Nueva Zelanda y el Pacífico.

Donde el avión no llega

En la lista de deseos del viajero tal vez figuren lugares a los que solo se puede llegar en barco. Cada vez son menos, pero entre ellos se cuentan las islas de Santa Elena y Tristán de Acuña, en el Atlántico sur, o las Pitcairn del Pacífico.

TODA LA VERDAD SOBRE MEJORAR EL BILLETE

Cómo conseguir el preciado asiento en primera clase

Subir de categoría en el avión es como librarse del hipo: existen cientos de teorías, pero ninguna es infalible. A decir verdad, el único truco es tener más números para conseguirlo.

Según Tom Otley, director editorial de Business Traveller: "Cuando la cabina está hasta los topes, todo depende de la tripulación. Ellos pueden ver el billete comprado y los puntos de fidelidad acumulados. Si el viajero es un habitual y tiene ventajas respecto a los demás pasajeros de aquel vuelo, conseguirá un asiento mejor".

Esta es la cruda realidad. También existe el recurso de impresionar a los empleados de facturación. Si queda un asiento libre en la F, siempre hay una posibilidad.

Quedarse en tierra

Subir de categoría siempre es bueno, pero todavía resulta más provechoso ser víctima de un *overbooking,* porque como compensación se obtienen vales, puntos o dinero. Si el viajero está esperando para embarcar y oye que ofrecen compensaciones para los que deseen quedarse en tierra, debe acercarse al mostrador para estar bien situado cuando se repartan los beneficios.

¡YO!
MÁS
¡PROMOCIÓN AQUÍ!
¡PROMOCIÓN!
¡PREMIO!
¡PROMOCIÓN!
¡PREMIO!
¡DAME ALGO MÁS!

RESERVAS DE HOTEL POR INTERNET
Cómo encontrar el hotel perfecto al precio perfecto

Reservar pronto

Las habitaciones de hotel se ponen a disposición con 18 meses de antelación. En general, cuanto antes se reserven, más baratas resultarán.

Paquetes de hotel y avión

Reservar conjuntamente el hotel y el avión sale más a cuenta porque el billete es más económico y se consiguen rebajas por reserva anticipada de la habitación. Además, el consumidor está más protegido en el caso de aplicársele la normativa de la UE sobre paquetes turísticos.

Mirar las prestaciones, no las estrellas

Si se reserva un hotel de cuatro estrellas solo para tener en la habitación wifi y una cinta de correr, tal vez se encuentre un albergue o apartamento que ofrezca lo mismo a precio mucho más barato.

Evitar los momentos de mayor demanda

Los viernes y sábados suelen ser los días más caros, pero en los hoteles de negocios normalmente es al contrario.

Sugerencias por gentileza de Expedia (www.expedia.com).

200$
POR
NOCHE

12 EN TREN POR EL MUNDO

Consejos de un experto para ver el mundo desde el tren

Cómo conseguir los mejores precios en Interrail

Con un abono de Interrail se ahorra dinero, sobre todo si el viajero es menor de 26 años o desea flexibilidad de fechas o viajar a la antigua usanza. Muchos trenes cobran una tarifa de reserva y las plazas para el pase están limitadas a cierta cuota en algunas rutas, sobre todo en Francia.

Antelación en la venta de billetes

EE UU	11 meses
Canadá	11 meses
Australia	11 meses
Reino Unido	12 semanas
Gran parte de Europa occidental	90-92 días
Gran parte de Europa oriental	60 días
India	60 días
Rusia y Ucrania	45 días

Seguridad en el tren

Las historias acerca de audaces robos ferroviarios son tan antiguas como los propios trenes, de modo que no hay que creerse todo lo que digan los viajeros. Los peligros, si existen, están fuera del tren.

La comida

No todos los trenes tienen vagón restaurante, y si lo tienen, tal vez el viajero no quiera comer en él. Conviene ir provisto de tentempiés, y en cantidad suficiente para compartir, pues la camaradería impera en los trenes de todo el mundo.

Mark Smith, fundador del portal de viajes en tren Seat61.com

CÓMO CONSEGUIR EL MEJOR PRECIO

Las tarifas de los hoteles hoy día son mucho más transparentes, y los portales de internet se encargan de abaratarlas, pero siempre se puede conseguir más

1 Muchos hoteles, sobre todo los privados, todavía utilizan un sistema de contratación en bloque para grupos turísticos, y retienen las habitaciones pactadas aunque al final no se confirmen. La hora mágica son las 18.00, cuando muchos hoteles liberan las habitaciones no ocupadas. El viajero también puede aprovechar si alguien con reserva no se presenta.

2 Se pueden buscar descuentos por compra anticipada. A menudo se ofrecen con 21 o 28 días de antelación, pero pueden estar sujetos a condiciones estrictas.

3 Una habitación de hotel sin ocupar es uno de los productos más perecederos del mundo. El hotelero tiene una noche para venderla, de modo que cuanto más tarde sea, más posibilidades tendrá el cliente de conseguir una rebaja. Para el hotelero cualquier cosa será mejor que la habitación vacía.

4 Llegar tarde al hotel no tiene por qué ser malo, sobre todo si se ha confirmado por teléfono, ya que puede que las últimas habitaciones que queden sean las mejores.

Robert Dee, director comercial del Rezidor Hotel Group, operador de las marcas Radisson Blu y Park Inn Inn brands

5$

1#

LO ÚLTIMO EN APARATOS
Magníficos kits tecnológicos para el viajero

Mientras preparaba este libro, el autor pidió a numerosos expertos que recomendaran los aparatos imprescindibles para sus viajes. Los más repetidos fueron:

- **Tableta + teclado USB** = ordenador ligero para usarlo en todas partes

- **Adaptador universal** para enchufes con varios puertos USB, para cargar cualquier aparato en un santiamén

- **Auriculares con cancelación del ruido**, perfectos para los ruidosos viajes en autobús

- **Fuente portátil de energía**, como las de powertraveller.com, para que las baterías duren más

- **Secador de pelo y plancha de viaje**, pequeños, plegables y ligeros; si tienen diferentes voltajes, mejor

- **Prismáticos de viaje**. Aunque se piense que no se necesitan, con ellos el viajero estará más solicitado que nunca y también verá más cosas

- **Trípode pulpo** para sujetar la cámara o el teléfono y hacer tomas fijas, como el Gorilla Pod (joby.com/gorillapod)

ESCOJA SU
GADGET

CASAS PARTICULARES

Consejos para alquilar por noches un apartamento, una habitación, un sofá o incluso un jardín

El mundo del alojamiento ha crecido exponencialmente con la llegada de los servicios de reserva de espacios particulares por internet (o mediante el móvil). Tanta oferta puede ser desconcertante para un novato.

Andy Murdock, redactor jefe de Airbnb, explica que la clave es recordar que el anfitrión invita al viajero a su casa. "La confianza es esencial. El perfil debe ser adecuado y mostrar al interesado tal como es. Que el calendario esté disponible no significa nada". El dueño querrá asegurase de que el viajero es de confianza antes de aceptar la reserva.

Murdock también recomienda hablar con el dueño antes de reservar. "Si uno piensa que una casa puede convenirle, debe consultar las posibles dudas. Este toma y daca es esencial para generar confianza entre ambas partes".

Hay que fijarse bien en la zona. "Lo más habitual es que el domicilio particular esté apartado de los principales lugares turísticos, de modo que conviene escoger cuidadosamente el barrio".

Asegurarse el tiro

Es mejor enviar varias peticiones a la vez; así se podrá comparar y habrá más posibilidades de que alguien acepte.

SE
ALQUILA

TRANSPORTE TERRESTRE
Cómo hacer más agradables los agotadores viajes por tierra

Organizarse

Si es posible, conviene reservar el transporte con tiempo; siempre saldrá a cuenta, ya se trate de trenes en primera clase o de autobuses económicos. A veces el billete es tan barato que si al final no se puede realizar la ruta, tampoco importará mucho.

Refrescarse

En los viajes en tren y autobús de larga distancia es bueno tener a mano una muda completa. Solo unos minutos son suficientes para ir al baño y cambiarse para regresar al asiento con la sensación de que no hace tantas horas que dura el viaje.

Enterarse de las fiestas locales

El transporte por tierra puede complicarse o incluso ser imposible en días festivos, según el lugar del mundo en el que se esté. En tales casos conviene quedarse unos días, recorrer la ciudad, disfrutar de las celebraciones o buscar rincones tranquilos.

Sobre dos ruedas

El viajero puede informarse sobre los servicios de alquiler económico de bicicletas, como el Paris Velib (www.velib.paris.fr). Cada vez más ciudades ofrecen estos sencillos cacharros para uso de residentes y visitantes; pueden constituir una buena alternativa a una caminata o un sudoroso trayecto en transporte público.

SISTEMAS DE PAGO

Escoger bien el medio de pago para no encontrarse con cargos sorpresa o aumentos del presupuesto

Medio de pago	Pros	Contras	Consejo
Efectivo	Es práctico, con poco riesgo de fraude	Susceptible de robo; el dinero robado no se recupera	Pedir efectivo por internet con antelación, implica un mejor cambio que en las calles comerciales o aeropuertos
Tarjeta de débito	El gasto es limitado, según el dinero que haya en la cuenta, por lo que permite controlar el gasto	Riesgo de bloqueo de la cuenta: hay que avisar al banco de que se irá de viaje y controlar las comisiones	Sale más a cuenta pagar en la moneda del país que en la propia
Tarjeta de crédito	Fácil de usar en cajeros automáticos de todo el mundo	Dos comisiones: una por el cambio y otra por operación. Varían mucho según la tarjeta	Comparar distintas tarjetas: algunas no cobran comisión por reembolsos desde el extranjero. Las diferencias son enormes
Tarjeta de prepago	Para transferencias de dinero por internet; se usa como una tarjeta de crédito o débito	Comisiones: hay que comparar cargos por apertura, reembolso en cajero y, sobre todo, por inactividad	Limitar el número de reembolsos para ahorrar al máximo
Cheques de viaje	Todavía se ven como el sistema más seguro por la facilidad de reembolso	Precio: al usarse cada vez menos, los tipos de cambio ofrecidos han bajado considerablemente	Para algunos destinos pueden ser más ventajosos. Si el viajero es fiel a ellos, debe comparar precios

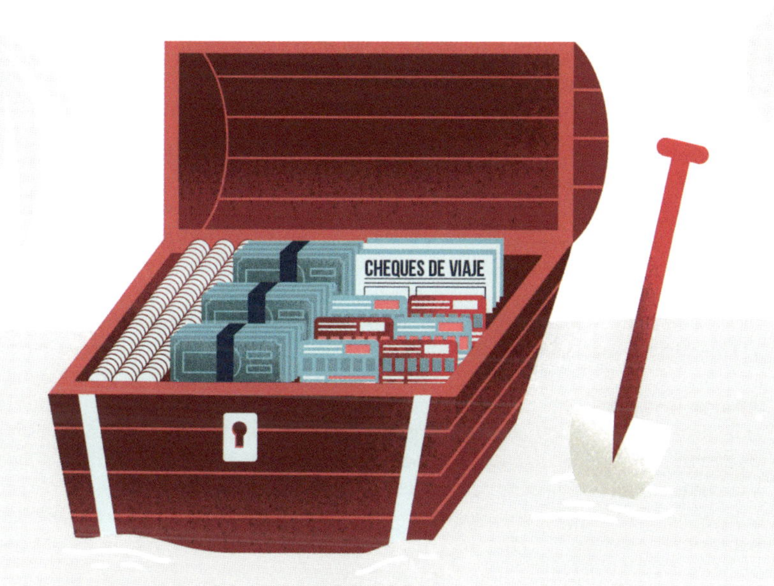

CHEQUES DE VIAJE

CÓMO AVERIGUAR SI UN HOTEL ES TAN ECOLÓGICO COMO ASEGURA

Para encontrar un hotel ecológico de confianza...

Consumo de calefacción, electricidad y aire acondicionado

Los buenos hoteles ecológicos emplean energía no conectada a la red (como paneles solares o turbinas eólicas), buenos aislamientos (p. ej. cristal doble), bombillas de bajo consumo y tarjetas magnéticas para controlar la electricidad y la climatización de la habitación.

Ahorro de agua

Una señal clara de que el hotel limita el gasto de agua es el uso de reductores de flujo en grifos y duchas, así como váteres de doble descarga y dispensadores de jabón recargables en vez de sobrecitos individuales en el baño.

Comida de proximidad

Hay que averiguar si el hotel cultiva su propia fruta y verdura, compra a proveedores cercanos u ofrece alimentos de temporada, de proximidad y ecológicos.

Transporte ecológico

Los hoteles más avanzados fomentan el uso de medios de transporte con bajas emisiones; por ejemplo, cuentan con un servicio de enlace a las estaciones de trenes o autobuses cercanas, o bicicletas para los huéspedes. Algunos hoteles ya disponen de puntos de recarga para coches eléctricos y ofrecen descuento a los clientes que lleguen en este tipo de vehículos o en transporte público.

Richard Hammond, fundador de greentraveller.co.uk

MANUAL DEL COLECCIONISTA DE VISADOS
Cómo conseguir fácilmente el dichoso sello

Los visados electrónicos y las zonas sin fronteras, como la Unión Europea, se han llevado parte del encanto de los pasos fronterizos, pero en muchos lugares del mundo todavía se necesita pedir visado con antelación, o cruzar la frontera en un pispás para renovarlo.

Consejos para el viajero intrépido

Matt Phillips, editor de destinos africanos de Lonely Planet y veterano cazador de visados a lo ancho y largo del continente, afirma que hay que ir preparado y armado de paciencia. "Hay que llevar siempre fotos de pasaporte y dólares estadounidenses de diverso valor. Puede que haya mucho papeleo y tasas que pagar, y luego largas esperas o varios viajes a la embajada". Phillips recomienda pedir consejo e información a otros viajeros que se desplacen en sentido contrario. "Si no se encuentra a ninguno, se puede consultar el foro Thorn Tree (lonelyplanet.com/thorntree), donde los viajeros comparten sus experiencias."

Si las cosas no salen según lo previsto...

"Mantener la calma es esencial para que todo sea más fácil. Si el viajero se enfada con la persona que debe expedirle el visado, puede que no lo consiga, y tampoco será culpa de ellos. Hay que sonreír, perseverar y, si las cosas no avanzan después de una semana, tener un plan alternativo."

Con un poco de suerte, el viajero no solo conseguirá vía libre a su destino, sino también un vistoso sello de recuerdo en el pasaporte.

CONTROL DE
ADUANAS

20 TRUCOS PARA NO GASTAR MÁS DE LA CUENTA
Fijarse un presupuesto diario realista para evitar enojos y sorpresas

Sea cual sea el presupuesto del viajero, estos consejos le servirán para no excederse.

» Antes de partir hay que calcular los gastos probables y añadir algo más para los primeros días. Al principio del viaje los costes son mayores porque el viajero todavía se está ubicando en el nuevo entorno.

» Hay que aprovechar la tecnología disponible: banca por internet, avisos por SMS y aplicaciones para controlar los gastos, como Trail Wallet.

» Otra opción es disponer de una tarjeta cargada con efectivo, como FairFX (véase modos de pagar en p. 42). No se podrá gastar más de la cuenta.

» Hay que buscar ocasiones para ahorrar sin renunciar a vivir experiencias fantásticas. El almuerzo se puede hacer en restaurantes para aprovechar los menús, más baratos. Por la noche, las *happy hours* también son un buen recurso. Pero…

» Conviene limitar el consumo de alcohol; una borrachera diaria no solo equivale a un viaje de dos semanas, sino que después de unas copas hay más posibilidades de perder la noción del gasto y pasarse de la raya.

Kash Bhattacharya, The Budget Traveller (budgettraveller.org)

PRESUPUESTO SEMANAL

* Comida = 100$

* Transporte = 30$

* CERVEZA! = ~~$20~~ ~~$50~~ 300$

CÓMO DAR LA PROPINA EXACTA

Conviene conocer las normas de cada país sobre las propinas

1 Para dar propina hay que seguir siempre la costumbre del lugar. Si nadie la da, no hay que darla. Pero si el viajero ofrece una propina muy inferior a la correcta, puede dar lugar a una situación embarazosa.

2 Ser demasiado generoso con las propinas también tiene consecuencias no deseadas, sobre todo para los viajeros que vendrán después.

3 Conviene tener a mano billetes pequeños para entregar a los porteros, mozos y taxistas. Debe verse como una parte del precio y no como un extra opcional.

4 Para enterarse de cómo y dónde hay que dar las propinas, se puede recurrir a un informador imparcial. Es mejor preguntar a alguien que no sea parte interesada en recomendar una propina, pues su información podrá ser más exacta.

Véase en p. 114 un gráfico con las propinas aceptadas en países de todo el mundo.

Tony Wheeler sobre las propinas

Cuando llega la hora de la propina, a menudo conviene recelar de lo que contiene la cuenta. Si el viajero no entiende la cuenta porque está en un idioma que no conoce, no podrá saber si la propina está incluida. Antes de ir al restaurante, conviene preguntar en el hotel si la propina suele estar incluida.

LA CUENTA

COSAS DE AYER PARA EL VIAJERO DE HOY

Artilugios antiguos que hacen el viaje más cómodo

Sarah Baxter, editora adjunta de Wanderlust y escritora de viajes (@sarahbtravel), confía en su Casio F91-W. "Es un reloj de 20 US$ que funcionará durante siglos y tiene alarma y luz. Como parece de 1981, no es probable que te lo roben. Es todo un clásico para viajar."

Baxter no olvida nunca llevarse una bolsita con imperdibles, gomas, unas medias viejas y un rollo de cinta americana. Con ello se pueden hacer reparaciones improvisadas, sujetar ropas y cortinas y hacer un sellado eficaz.

No hay que dar por sentado que se necesita prendas de alta tecnología. "Basta con ir cómodo y llevar ropa de secado fácil. Excepto si se va a realizar una actividad especializada, como escalada o senderismo por la selva. Vale más ahorrar el dinero para cuando se necesite en pleno viaje."

¡Todavía existen las listas de correos!

Una de las grandes emociones de los viajes, especialmente los largos, era recoger un montón de cartas en correos. A pesar de la expansión de internet, las listas de correos siguen siendo un sistema internacional para recibir el correo en otro país. Existen en la mayor parte de las poblaciones de todo el mundo, incluso en las pequeñas. Lo habitual es recurrir a las grandes oficinas centrales de correos, pero también es divertido ver si el correo llega a destinos recónditos.

LA LLEGADA AL HOTEL

No hace falta esperar horas en recepción con cara de chucho abandonado

La temida entrada en el hotel a primera hora de la tarde hace que un viaje para una reunión o una boda sea muy estresante: sin poder dejar la maleta, cambiarse de ropa ni asearse.

Una cabezadita

Si se desea hacer la siesta, se puede recurrir a los hoteles de cápsulas de los aeropuertos, donde se podrá descansar unas horas, como Yotel (www.Yotel.com). En algunos aeropuertos hay duchas que los viajeros pueden utilizar a la llegada.

Antes de hacer la reserva, conviene llamar al hotel para explicar la situación. Si el hotel desea contentar al cliente, como mínimo hará un esfuerzo por atender su petición. Solicítese que en la reserva añadan una nota conforme se desea entrar antes.

Hasta que la habitación no esté disponible, el viajero puede pedir un sitio para guardar las maletas. Mientras tanto, puede esperar o buscar un lugar donde ducharse, por ejemplo en una piscina pública o una estación de trenes. Si deja el número de teléfono, le podrán llamar cuando la habitación esté lista.

RECUPERAR EL DINERO DEL VIAJE

Conviene reclamar los importes, por pequeños que sean

El lado positivo de perder un vuelo

Aunque el viajero tal vez no pueda recuperar el importe de un vuelo de bajo coste, tiene derecho a que le devuelvan los impuestos de un trayecto que no ha realizado.

Reembolso de impuestos sobre compras en el extranjero

Según los países, se pueden reclamar determinados impuestos sobre compras realizadas durante el viaje. Consúltese la normativa para los sitios visitados y destinos futuros, pues hay que rellenar formularios (normalmente los facilita la tienda). Los servicios de los hoteles y el alquiler de coches suelen estar excluidos de reembolso.

Estar bien informado

Por extraño que parezca, conviene saber si algunos de los gastos del viaje pueden desgravar, como sería el caso de unas vacaciones combinadas con un viaje de negocios. Los gobiernos suelen tener información al respecto en internet.

La moneda sobrante

Al salir del país, las tasas para cambiar las divisas por la moneda del país del viajero son muy desfavorables. Sin embargo, muchas veces el mismo banco o entidad financiera donde se adquirieron se ofrece a cambiarlas sin comisión. En los albergues más grandes a veces los viajeros se intercambian las monedas (siempre que sea legal en el país, claro está).

COMBATIR EL 'JET LAG'

A qué se debe el malestar tras un largo viaje

Los viajes largos pueden ser agotadores y provocar pérdida de sueño, malestar y alteración de las pautas de comer y beber. Cuando se planifica un viaje largo, conviene minimizar estas molestias y viajar del modo más cómodo, práctico y tranquilo posible, aunque a veces es muy difícil encontrar el equilibrio.

Por otra parte, cruzar varios husos horarios en poco tiempo provoca otro tipo de fatiga y trastornos del sueño. Exponerse el tiempo adecuado a la luz diurna o a una luz intensa puede ayudar al viajero a adaptarse más rápidamente a la nueva zona horaria. Se ha demostrado que es útil tomar una pequeña dosis de melatonina al acostarse.

El viajero puede consultar al médico sobre el empleo de somníferos de acción rápida. Sirven para inducir el sueño a la hora habitual de acostarse, después de un largo viaje de oeste a este; o para conciliar mejor el sueño de madrugada, después de un viaje de este a oeste. Últimamente también se recetan medicamentos (como el modafinilo) que promueven el estado de alerta y mitigan las molestias. Los medicamentos no cambian el ritmo de ajuste a una nueva zona horaria, pero ayudan a reducir la fatiga y la falta de sueño.

Dr. Richard Dawood , director de la Fleet Street Clinic de Londres

COMER BIEN DURANTE EL VIAJE

Y no destrozar la báscula al regresar

A nadie le gusta hacer régimen antes del viaje, pero ¿cómo se puede evitar que el peor recuerdo de las vacaciones sea una antipática barriga?

» Pensar en lo que se come. Igual que se hace en casa, hay que preferir los alimentos al vapor y hervidos a los fritos. Cumplir con las cinco comidas diarias y cambiar los dulces por fruta (lavada con agua potable). Pedir un granizado en vez de un helado de vez en cuando.

» Un truco de quienes viajan por negocios y deben asistir a almuerzos es pedir dos entrantes en vez de un primero y un segundo. Las tapas permiten probar muchos platos sin atiborrarse.

» Prepararse una comida al día es muy conveniente, incluso en los viajes cortos. Es menos probable que uno se pase de la raya cuando cocina para sí mismo. Ir al mercado a proveerse también es una buena distracción.

» El compañero de viaje será un aliado para comer mejor y de forma más saludable. Compartiendo raciones se ahorra y se ingieren menos calorías sin renunciar a comer fuera.

» No hay que prohibirse demasiadas cosas, pero sí estar alerta. Si la ropa aprieta, señal de que la odisea alrededor del globo amenaza con convertir al viajero en un ídem.

Liz Edwards, editora y escritora sobre gastronomía y viajes

CÓMO SER UNA VIAJERA SOLITARIA

Y terminar disfrutando más del viaje

La idea de hacer un gran viaje en solitario acobarda a cualquiera, pero tal vez más a las mujeres, para quienes la seguridad puede ser una preocupación añadida. No hay que desanimarse. Los viajes en solitario abren a la mujer todo un mundo de experiencias nuevas y le ofrecen la posibilidad de aprender a manejar situaciones, conocer a personas interesantes y, en esencia, hacer lo que quiera y cuando quiera. Sin embargo, para que el viaje discurra sin problemas debe tener en cuenta los siguientes consejos.

1 Planificar con tiempo para saber qué ropa es adecuada llevar, evitar llegar a un destino de noche, contar siempre con dinero suficiente, etc.

2 Informarse de lo que es culturalmente aceptable y lo que no. De este modo evitará llamar la atención negativamente y las consecuencias que ello puede acarrear.

3 Una vez bien informada, debe confiar en su instinto: no hay nada como la intuición para proteger a una mujer.

4 La mujer debe saber por qué quiere viajar sola y sentirse contenta con su determinación; de este modo podrá afrontar las numerosas decisiones que deberá tomar a lo largo del viaje. Y llevar consigo esta mentalidad positiva que le abrirá tantas puertas.

Imogen Hall

28 CÓMO EVITAR ROBOS Y TIMOS

Estar alerta para evitar a los ladrones que se aprovechan de los incautos

Lo primero es adoptar una actitud defensiva contra las estafas en la vida diaria. Por ejemplo, no perder de vista la tarjeta de crédito en el restaurante y ser muy cauteloso a la hora de revelar información personal. De este modo, cuando se viaje, la prevención será automática.

Uno de los mejores sistemas para evitar ser víctima de los maleantes es pasar desapercibido: vestir de modo similar a los autóctonos (no ir con pantalón corto y camisa hawaiana en París), no pasearse con la cámara a la vista ni desplegar mapas (es mejor entrar en un bar a consultarlos discretamente o comprar un callejero de la ciudad).

Aprenderse una frase en el idioma local, como "Saya tinggal di Bali" (vivo en Bali), o la equivalente para otro destino, disuade a los tipos que se acercan con malas intenciones.

Llevar una bolsa de mano con bolsillos interiores, para que si alguien consiguiera meter la mano dentro, no encuentre fácilmente la billetera. Si la bolsa se lleva en bandolera, es más difícil de robar.

Catherine Le Nevez, autora de Lonely Planet y escritora sobre viajes

GUÍA TURÍSTICO
TIKITZ

ESTAFAS QUE HAY QUE TENER EN CUENTA

Repítase el mantra: "Demasiado bueno para ser verdad, demasiado bueno para ser verdad..."

Aunque el viajero a menudo está más seguro en el extranjero que en su ciudad, hay timos que parecen no tener fronteras.

El falso policía A veces también se trata de policías de verdad; piden el pasaporte, encuentran algún problema con el visado y sugieren que todo se solucionará pagando una multa. A ellos, en efectivo y en el acto.

Qué hacer Mantenerse firme e insistir en acompañar al agente a la comisaría suele poner fin al problema.

Las joyas o alfombras Al entrar en una tienda, a menudo incitado por un entusiasta taxista o conductor de *rickshaw,* el viajero recibe una oferta tan ridículamente lucrativa que parece impensable no aceptarla.

Qué hacer Pensarlo dos veces: estas joyas no tendrán ningún valor y la alfombra nunca llegará al domicilio del viajero. Hay comerciantes legales que venden estos artículos, pero no actúan así.

El excremento de pájaro Tras caerle un excremento de pájaro desde lo alto, el viajero es abordado inmediatamente por un personaje que se pone a limpiarlo con un trapo y, en medio de la confusión, le birla los objetos de valor.

Qué hacer Avanzar rápidamente. En una situación así, el viajero debe seguir su camino sin detenerse y rechazar cualquier ofrecimiento de ayuda.

BIG FÖÖT SAFARI
GRATIS
$$$
Gemas BARATAS
GRATIS Tours
NIDO DEL UNICORNIO

COSAS PRESCINDIBLES

No es necesario contratar servicios caros, hay que ser listo y ahorrar

Al viajar hay que saber lo que es importante y lo que no. Si se tropieza con un suplemento caro, normalmente habrá una alternativa más económica a mano. Muchos de estos cargos se originan dentro de la habitación (esperemos que un día no cobren por abrir el minibar o incluso pensar en él).

Evitar	Alternativa
Internet del hotel	Wifi de una cafetería
Minibar del hotel	Bar de la esquina
Lavandería del hotel	Ir a una lavandería automática el domingo por la tarde
Itinerancia de datos en el móvil	Tarjeta SIM comprada en el país que se visita
Taxis (sin taxímetro o con este parado)	Taxis con reserva previa
Oficina de cambio del aeropuerto	Cambio de moneda reservado por internet
Llamadas internacionales desde cualquier teléfono	Skype o Google Hangout

Tony Wheeler, cofundador de Lonely Planet

BUREAU DE CHANGE
Mini Bar
DUTY - FREE
Joyeria
NO PASAR
NO PASAR
NO PASAR
NO PASAR
NO PASAR
NO PASAR
NO PASAR
NO PASAR
NO PASAR

MANTENERSE SANO DURANTE EL VIAJE
Maneras sencillas de reducir el riesgo pese a los contratiempos

Evitar las picaduras

Cuando se viaja al trópico hay que cubrirse, usar mucho repelente de insectos y protegerse durante la noche mediante enchufes antimosquitos, espirales insecticidas y mosquiteras.

Remedios para los malestares más comunes

En el botiquín también hay que incluir remedios para resfriados, gripe, dolor de cabeza, alergias e indigestiones, y solo para enfermedades tropicales.

Riesgos añadidos

El viajero debe tener en cuenta que salir de noche, practicar deportes, natación, ciclismo, buceo e ir en moto son actividades más peligrosas que en su país, y que la atención médica puede ser de peor calidad. La prevención es vital.

Higiene de las manos

Para comer cualquier cosa y en cualquier lugar, hay que tener las manos limpias. El viajero puede llevar un pequeño bote de gel antiséptico para lavarse antes de tocar la comida.

Mantenerse en contacto

Hay numerosas guías médicas para consultar en caso de que surjan problemas. También existen sistemas de aviso por correo electrónico o SMS, que informan de riesgos nuevos. Hoy día es más fácil que nunca contactar con el médico de cabecera o una clínica de medicina tropical.

Dr. Richard Dawood, director de la Fleet Street Clinic de Londres y autor de *Travellers' Health: How to stay healthy abroad*

GIMNASIA DE URGENCIA PARA VIAJEROS

Cuando no hay tiempo ni espacio ni gimnasio para ponerse en forma...

La fisioterapeuta Katherine McNabb (bodyfix physio.co.uk) propone realizar ejercicios en la habitación o en el aeropuerto.

Estiramiento de los flexores de la cadera

» Apoyar una rodilla y estirar la otra pierna hacia adelante con el pie en el suelo.
» Apretar los glúteos y empujar suavemente la cadera hacia delante para estirarla.
» Repetir con el otro lado.

Puente

» Tumbarse en el suelo con las rodillas dobladas.
» Apoyar las manos sobre la pelvis, despegar los riñones del suelo y mantener la posición
» Levantar una pierna recta hacia delante manteniendo los riñones despegados.

» Mantener la postura 10 segundos y repetir con la otra pierna.

Supermán (la mesa)

» Apoyarse en el suelo con las rodillas y las manos con las caderas y los hombros alineados sobre estas respectivamente, como una mesa.
» Lentamente, levantar una pierna y extenderla hacia atrás al tiempo que se eleva el brazo contrario hacia delante. Hay que procurar no tambalearse ni torcer la espalda, y que la cara mire hacia el suelo de modo que el cuello quede recto.
» Mantener 10 segundos y repetir con el otro lado.

33 CUÁNDO SE PUEDE COMER EN LA CALLE

Y cuándo es mejor pasar de largo

Escoger la hora del día

Los mercados suele despertarse pronto, de modo que es mejor desayunar que almorzar. Un buen indicador de calidad es que haya mucho trajín a las cinco o las seis de la madrugada.

Lo más genuino

El ceviche en Lima y el *sushi* en Tokio tienen más números de ser auténticos. Hay que dudar de las aproximaciones no occidentales a la comida occidental, como las hamburguesas.

Comparar

No hay que comer en las primeras paradas. Suelen ser las más frecuentadas por los turistas y las menos auténticas. La gente del lugar probablemente no las escogería.

Confiar en el olfato, no en la vista

En los mercados de alimentación se hace hincapié en el producto, no en la estética ni la presentación. Esto también vale para la comida preparada para ser consumida en el propio local.

Hacer cola

La popularidad es un buen indicador de calidad; si hay cola, tal vez habría que ponerse en ella.

Luke Waterson, escritor gastronómico y de viajes (englishmaninslovakia.com)

COMO EVITAR ERRORES EN LA LUNA DE MIEL

Asegurarse de que el primer viaje de casados sea tan perfecto como se ha planeado

Una playa preciosa. Solos los dos, y recién casados. ¿Felicidad máxima? Ojalá. Pero las lunas de miel a veces se tuercen. He aquí unos consejos para empezar con buen pie una larga vida juntos.

Para inspirarse

Véanse mil ideas para la luna de miel en www.101honeymoons.co.uk.

Planificar juntos

A veces un miembro de la pareja prefiere ocuparse de planificar el viaje mientras el otro se encarga de los músicos y el banquete. Si se planea el viaje conjuntamente, es más probable que resulte más satisfactorio para ambos.

¿Playa?

Organizar una boda es muy estresante. Tal vez no sea tan buena idea para desconectar como empezar la luna de miel en un destino urbano o realizando alguna actividad para liberar el estrés.

La luna de miel soñada

Si la pareja siempre ha deseado ir a Madagascar para ver lémures o hacer piragüismo en Alaska, ya tienen la excusa perfecta para cumplir su sueño. Que una playa idílica sea el tópico de una luna de miel no es adecuado para todo el mundo.

El viaje como regalo

Los amigos estarán encantados de contribuir a la luna de miel en vez de regalar una tostadora o un jarrón. Muchas agencias de viajes ofrecen listas de bodas que constituyen regalos diferentes.

SABER QUEJARSE Y RECLAMAR

Ingrid Stone, autora de *Letters of a Dissatisfied Woman* (lettersofadissatisfiedwoman.com), sobre el delicado arte de la queja

Fuera la timidez

Uno no debe olvidar que ha pagado mucho dinero por el vuelo, el viaje o el hotel. Si algo no está bien, hay que decirlo claro. Los viajeros son muy buenos quejándose, pero no tanto reclamando.

Informar enseguida

Las compañías de viajes quieren solucionar los problemas rápidamente. Si algo no está correcto, hay que decirlo enseguida.

Recurrir a las redes sociales

Los departamentos de atención al cliente están al tanto de las redes sociales, sobre todo de Twitter, y responden rápidamente a los problemas. Hay que seguir las cuentas más importantes.

Normas de compensación de las aerolíneas europeas

Si el viajero vuela a/desde la Unión Europea, debería informarse de sus derechos en compensaciones por retrasos o cancelaciones. Véase en la web oficial de la UE.

No perder los nervios

Sea cual sea el problema, enojarse no es lo correcto. Al viajero se le tomará más en serio si no se pone a despotricar como un poseso.

Escribir una carta

Una carta bien escrita, y con sentido del humor, permite explicarse bien y puede ser muy efectiva.

RECEPCIÓN

36 BATERÍAS BIEN CARGADAS
Cómo mantener todos los aparatos activos

La electricidad es el combustible del teléfono, la tableta y la cámara digital, y una prioridad del viajero moderno casi tan esencial como la comida o el agua. He aquí unas recomendaciones para cargar las baterías.

Usar solo lo necesario

Cuantas más aplicaciones estén funcionando, más rápido se agotará la batería del teléfono inteligente. Si se detienen las que no se usen, incluida la conexión 3G o 4G, la carga durará más.

Fuera de línea

Los mapas y otras aplicaciones que funcionan fuera de línea evitan tener que estar conectado todo el tiempo, otra causa de que se agote la batería, por no mencionar el coste.

Buscar diferentes fuentes de energía

Además de las baterías portátiles y recargables, también pueden usarse enchufes adaptadores con varias conexiones USB. El ordenador portátil también sirve para cargar muchos aparatos; algunos incluso estando apagados.

Dejar las baterías cargando al salir de la habitación

Muchas habitaciones de hotel quedan sin electricidad al quitar la tarjeta-llave. En algunos casos, si se introduce en la ranura un objeto similar a una tarjeta de crédito, se consigue que la corriente siga funcionando y por tanto se puedan cargar las baterías.

Shawn Low, escritor de viajes

¡PELIGRO!
ARENAS MOVEDIZAS

CÓMO SACAR PARTIDO A LA LLUVIA

Y tener un viaje feliz, evitar las aglomeraciones de la estación seca e incluso broncearse

Según la sabiduría popular, en la estación de lluvias no se debe viajar. ¿Quién desea unas vacaciones aguadas? Pero antes de cambiar de planes, vale la pena considerar el tema más atentamente. En Tailandia, por ejemplo, las lluvias suelen caer de noche, pero durante el día el sol brilla en las playas y el mar está en calma.

Chris McIntyre, director general de Expert Africa (www.expertafrica.com) lo recomienda: "En la estación seca se verán animales en las charcas, pero la vegetación está pelada y no hay gran cosa que hacer. Pero cuando empiezan las lluvias, uno presencia el despertar de todas las cosas a la vida, lo cual es realmente mágico". Además, algunos atractivos turísticos, como las cascadas, están espectaculares.

El precio es otra buena razón para viajar en la época del monzón. Los campamentos de temporada tal vez estén cerrados, pero los que haya saldrán a cuenta. La poca demanda también implica que lo que sería temporada alta en todas partes, como julio y agosto en la India, es una época asequible para viajar, aunque muy calurosa y húmeda.

El secreto es estudiar muy bien el clima del destino (los microclimas hacen que el tiempo sea muy diferente entre regiones), así como hablar con los autóctonos y los viajeros que lo han visitado.

38 EVITAR OFENDER
Cómo estar a buenas con todo el mundo

Es bastante difícil que el viajero ofenda a alguien hasta el punto de verse en problemas. Por lo general, la gente con la que se encontrará será tolerante y comprensiva. Las excepciones son las ofensas a la sensibilidad religiosa, sobre todo en países islámicos estrictos, y la expresión de opiniones mal vistas sobre el Gobierno o la familia real del país.

Qué se debe hacer:
» Aprender algunas frases del idioma autóctono, como "perdone" y "lo siento", para utilizarlas cuando sea preciso.
» Seguir el ejemplo de la gente de alrededor: si se quitan los zapatos o se cubren con un pañuelo, debe hacerse lo mismo.
» Sonreír. Habrá muchas más personas dispuestas a perdonar la falta del extranjero que a tomárselo como una grave afrenta.

Qué no se debe hacer:
» Imitar las malas costumbres de otros turistas; garabatear el nombre en los monumentos antiguos no está bien.
» Utilizar las deficiencias de limpieza del país visitado como excusa para dejar la propia basura.
» Hacer fotos en zonas militares, religiosas o políticas sensibles, incluidas las manifestaciones.

DESARROLLAR EL HÁBITO DE HACER FOTOS

Ejercitar el arte de tomar cientos de instantáneas para conseguir mejores fotos

Las imágenes susceptibles de convertirse en foto abundan: pasan por delante de nuestros ojos a cada instante y apenas las vemos. A base de práctica, el viajero hallará buenos temas y reaccionará con la suficiente rapidez para captarlas.

» Salir a caminar. Es una buena manera de explorar el terreno y conocer de primera mano lo más interesante.

» Levantarse temprano. Muchas veces a esa hora brilla la mejor luz y la ciudad registra la actividad más intensa e interesante. El viajero se verá recompensado con experiencias e imágenes que la mayoría se pierde.

» Llevar la cámara al cuello, encendida y con el objetivo adecuado, sin la tapa.

Mostrar las obras

El concurso fotográfico semanal de Lonely Planet en Flickr es una ocasión estupenda para mostrar el trabajo a otros aficionados a la fotografía de viajes. Véase www.flickr.com/groups/lonelyplanetpublications

» Estudiar las condiciones de luz existentes y mantener la cámara convenientemente ajustada. Comprobar constantemente el ISO, sobre todo en interiores poco iluminados.

» Si se presenta un tema, no pensar que volverá a aparecer de nuevo.

Richard l'Anson, doble máster de Fotografía y autor de *Los mejores consejos de fotografía*, de Lonely Planet

¿LIBROS O TABLETA?

¿Libro electrónico o de papel? Que cada cual escoja

A favor del papel

Los libros no tienen una batería de vida limitada. Si se utiliza una guía de viajes en papel, se puede consultar todo el tiempo que se quiera en cualquier parte, y no hace falta buscar un enchufe o una conexión wifi

Si se pierde la tableta, reponerla saldrá caro. Y además de la compra, está el seguro

Siempre se puede tomar prestada una guía para consultar algo e intercambiarla por otro libro con algún viajero cuando no se necesite

A los libros no les gusta la lluvia ni caerse de una canoa, pero sobreviven en ambos casos (el papel flota)

A favor de la tableta

Los libros son voluminosos, restan sitio a otras cosas y a veces pesan bastante. Los capítulos de una guía digital no pesan y se pueden descargar desde cualquier sitio

Una tableta puede contener cientos de libros, revistas y películas

Sincronizando la tableta con otros dispositivos, se puede pasar de uno a otro

Con la tableta se puede filmar el libro flotando al lado de la canoa

VACACIONES CON NIÑOS Y SIN BERRINCHES

Los viajes en familia a veces son una dura prueba, conviene planificarlos con tiempo

Conocer y adaptarse

La edad es determinante. No es bueno forzar a un niño pequeño a visitar ciudades cuando lo único que quiere es pasar el rato en la piscina o la playa.

El recurso del aire libre

Si el presupuesto es ajustado, o incluso si no lo es, hay que aprovechar que a los niños les gusta la acampada.

Cómo apaciguarlos

Si hay que hacer un largo vuelo con un niño pequeño y preocupa cómo reaccionará, se le puede sobornar. Unos cuantos caramelos servirán para ganárselo de entrada y serán un incentivo para que no se queje (tanto).

Altos vuelos

Si se calcula que habrá un importante desfase horario al llegar al destino, antes del viaje conviene modificar un poco la hora de acostarse de los niños, para facilitarles la transición.

Hacerlos partícipes de la experiencia

Los niños sacarán más provecho del viaje si los adultos les introducen en la cultura y la comida del lugar. Es muy bueno que tengan un cuadernillo en el que puedan llevar un diario de las vacaciones. Y si no les gusta escribir, pueden pegar billetes de tren, postales, dibujos… cualquier cosa que les sirva de recuerdo de los lugares visitados. Cuando regresen a la escuela, los profesores valorarán su creación.

Jane Anderson, familytraveller.com

SECRETOS DE LOS VIAJEROS SOLITARIOS

Por qué todo el mundo debería probar a viajar solo

» Quienes viajan solos tienen más oportunidades. A menudo es más fácil añadir a una persona más en un viaje, llenar un asiento libre o incluso conseguir una mejora (véase p. 28). Una persona extra no desequilibra tanto la situación como una pareja o un grupo.

» Una persona sola tiene más facilidad para unirse a otras y no intimida al acercarse a desconocidos. Es mejor desconectar los auriculares para no aislarse.

» Aunque el viajero que va solo pueda parecer más vulnerable, a menudo es todo lo contrario, pues confía en su propio instinto y no está sujeto a la presión de los compañeros.

» El solitario pocas veces está realmente solo. Hace amigos más rápidamente y tiene la libertad de cambiar de planes para pasar más tiempo con las personas con las que se aviene. Y nada le retiene cuando desea marcharse de un lugar.

Matt Phillips, redactor de Lonely Planet

RECUERDOS DEL VIAJE

No hay que limitarse a hacer fotos; también se pueden reunir otros recuerdos del viaje para poner en las estanterías o en un libro de recortes

He aquí algunas cosas que servirán para recordar el viaje en el futuro:

» Billetes de transporte público

» Hojas de árbol caídas

» Un CD de un grupo popular autóctono

» Una etiqueta de cerveza

» Postales enviadas a casa por uno mismo durante el viaje

» La camiseta del equipo nacional de un deporte o, si es demasiado cara, un pantalón corto o unos calcetines

» La gastada guía de viaje

» Un plano de la ciudad o mapa del país visitado con la ruta seguida dibujada en él

» Grabaciones de sonidos de la calle

» Excedentes del ejército (baratos, se venden en los mercados)

» Un instrumento musical

» Bocetos hechos durante el viaje

Seb Neylan, director de medios sociales de Lonely Planet

Lager
TICKET

44 AVENTURAS EN UN PEQUEÑO GRUPO

Viajar en grupo puede ser estupendo para descubrir un país y hacer amigos

1 Además de saborear una cultura diferente, el viajero pasará mucho tiempo con un grupo de gente nueva, de modo que deberá prepararlo todo bien desde casa. Hay muchas empresas y diferentes tipos de viajes que reúnen a personas de distintas nacionalidades y edades; el viajero debe escoger la que encuentre más apropiada para él.

2 Llegar a tiempo a la cita es más que una deferencia hacia el guía y el grupo. Puede marcar la diferencia entre tomar un autobús por la mañana temprano o ver la mejor puesta del sol de la vida. Nada agota tan deprisa la buena voluntad como los retrasos a la hora acordada para la salida.

3 Hay que aprovechar los conocimientos del guía acerca del destino; su misión no es únicamente llevar al grupo de un sitio a otro.

Los guías pueden ayudar a conseguir un mejor precio en un recuerdo, recomendar un buen bar para ir de juerga o sacar las entradas para el gran encuentro deportivo de la ciudad.

4 Conviene leerse el itinerario para ver si deja suficiente tiempo libre. Si se dispone de un poco más de margen se podrá dar algún paseo en solitario y a la vez disfrutar del plan organizado.

5 No hay que tocar temas polémicos, como la religión o la política, en las conversaciones con el grupo, sobre todo cuando interviene el alcohol.

Casey Mead, G Adventures

DE VIAJE DE NEGOCIOS A MINIESCAPADA
Hay que aprovechar la visita a un lugar nuevo, aunque sea una oficina

Qué hacer con el desfase horario

Un paseo a primera hora del día puede ser fascinante. Algunos lugares, como los mercados, son más interesantes al amanecer. El viajero madrugador incluso podrá visitar aquella cafetería que está en la otra punta de la ciudad y contemplar la vida local antes del trabajo.

Consultar la agenda del destino antes de partir

Conseguir entradas para un encuentro deportivo o un espectáculo puede ser más fácil de lo que se piense a priori, y con ellas puede impresionar a sus anfitriones. Nadie le hace ascos a una entrada para un partido o un concierto.

Aprovechar las horas muertas

Incluso los programas más apretados incluyen momentos de descanso, como el almuerzo o una pausa antes de la cena. Se puede alquilar una bicicleta para dar una vuelta y ver un poco la ciudad.

Algo importante

Si la ciudad posee algún atractivo de visita inexcusable, antes de partir se puede programar visitarlo con un compañero de trabajo. Así se evitará la tentación de celebrar la enésima cena de negocios.

El consejo de un profesional: Tom Otley, director editorial de Business Traveller

Poner las zapatillas de deporte en la maleta: muchos hoteles importantes ofrecen planos con rutas para correr en parques, caminos sin tráfico e incluso lugares emblemáticos.

REDES SOCIALES PARA EL VIAJERO

Cómo conseguir que las redes sociales y las aplicaciones trabajen para uno

Durante el viaje es fácil perder el tiempo en las redes sociales. Cuando estas líneas se publiquen, los *selfies* frente a las siete maravillas del mundo moderno deberían declararse oficialmente pasadas de moda. Pero algunas redes sociales son útiles de verdad y sirven para algo más que para subir fotos etiquetadas del lugar visitado.

» En **Flickr** se pueden almacenar fotos sobre la marcha. Si no se desea que las vea todo el mundo, se pueden hacer privadas o compartirlas solo con los amigos. Existe una práctica aplicación para móviles.

» **Twitter** es un medio excelente para acceder a los departamentos de atención al cliente. (Véase en p. 78.)

» **Foursquare** sirve para encontrar a los amigos, saber los lugares más visitados y conseguir promociones y ofertas.

» **Instagram** se puede utilizar para dejar constancia del itinerario. Las fotografías geoetiquetadas constituyen un buen recuerdo de cualquier viaje. Con el tiempo, será un documento visual de los viajes realizados.

» Finalmente, **Foodspotting** es una red que permite enterarse de dónde se come bien por el mundo. Es ideal para sibaritas.

Emma Sparks, bloguera de viajes y coordinadora de redes sociales de Lonely Planet

f
Pinterest

47 EL VALOR DE UN CONSERJE

El conserje del hotel no solo está al servicio de los empresarios ricos

Jose Pacuo, jefe de conserjes del Milestone Hotel de Londres (www.milestonehotel.com) sugiere por qué un conserje puede mejorar la experiencia del viaje.

Un buen conserje es el portero de su ciudad y la persona clave para desplegar ante el huésped las experiencias que este ansía. Por tanto, es un buen recurso inicial donde buscar sugerencias personalizadas y consejos sobre excursiones y salidas. Al ser experto en la ciudad, sus apreciaciones pueden ser bastante precisas y adaptadas al gusto del cliente.

Los conserjes pueden ofrecer numerosos servicios a los huéspedes, desde ayudar con las necesidades básicas, como encontrar aparcamiento o una dirección, hasta planificar toda la estancia. Si el viajero tiene una petición inusual, como encontrar un sitio donde vendan un determinado regalo, el conserje puede ahorrarle tiempo y ayudarle a encontrar lo mejor de su clase, e incluso ocuparse de adquirirlo.

Un conserje con experiencia no se inmutará ante peticiones insólitas; no hay que ser tímido al pedir sus servicios. Si no tiene la respuesta, sabrá a quién recurrir en la ciudad para encontrarla.

48 LA CHISPA DE LA AVENTURA

Dar un nuevo enfoque al viaje para introducir experiencias insospechadas

Si el destino no resulta lo bastante apasionante para el viajero, Simon Reeve (simonreeve.co.uk), aventurero y presentador de TV, tiene algunas sugerencias para añadir emoción a unas vacaciones.

Salir de noche y al amanecer. Explorar un nuevo sitio no tiene por qué limitarse al horario de 9.00 a 17.00; si contemplamos una ciudad al anochecer o cuando está despertando, siempre deparará alguna sorpresa.

Descartar las visitas más turísticas y disfrutar de las cosas pequeñas. Trazar un círculo en el plano alrededor del alojamiento y explorar la zona con espíritu forense.

Leer detenidamente la prensa local. Nada de noticias internacionales y CNN. La información local es el mejor medio para conocer el lugar. Si todo lo que el viajero encuentra es trivial, puede deleitarse descubriendo un rincón insólito y sereno.

Rutas alternativas

Latourex (LABoratory of EXperimental TOURism; www.latourex.org) es una mina de ideas para dar un cambio radical a los viajes

Acampar. Sobre todo en plena naturaleza. Agudiza los sentidos y facilita un contacto directo con el entorno.

Viajar sin rumbo. Lanzar una moneda al aire en los cruces y seguir el propio instinto.

EL TIEMPO, FACTOR INCONTROLABLE

Que un día de lluvia no agüe los planes

Los destinos de sol se basan en el buen tiempo, pero las ciudades apenas se visitan. Si hace mal tiempo, se puede realizar una excursión de un día a la ciudad, y visitar sus museos y galerías de arte.

Algunos deportes al aire libre (como el surf) requieren mojarse de todas formas y permiten disfrutar de la playa a pesar de las inclemencias del tiempo. El traje de neopreno ayuda a mantener el calor corporal durante horas y el viajero podrá disfrutar del mar casi en solitario.

Ver la cartelera del cine y el teatro de la zona (cuanto más pequeña sea la sala, mejor). Además de empaparse de cultura local (asistir al cine en la India es una experiencia radicalmente distinta), tal vez se descubra un edificio antiguo con encanto.

Aunque no haga buen tiempo, se pueden realizar actividades al aire libre, como el excursionismo, siempre que se lleve el equipo adecuado. Si se piensa ir a algún destino muy húmedo, se puede llevar una toalla de viaje de secado rápido.

Las bibliotecas también pueden ser un buen refugio. Muchas tienen wifi y tal vez cuenten con una sección de libros de temática local que permitirán al viajero conocer en profundidad el territorio que visita.

5O EL ARTE DEL ZEN PARA VIAJEROS

O cómo apagar los dispositivos para mejorar el viaje

Si el viajero mira el mundo a través de una pantallita; está buscando a todas horas dónde hay wifi o un enchufe, o se pasa el día redactando crónicas de su periplo por el mundo... tal vez se esté perdiendo algo.

El escritor de viajes Phillip Tang tiene algunos consejos para desengancharse de la tecnología durante las vacaciones. "El viajero puede dejar los aparatos en casa o en la habitación del hotel. Si no tiene acceso constante a internet, tendrá que confiar en los consejos de palabra que le den los lugareños, que serán inmediatos y pensados expresamente para él."

Abandonar los dispositivos también tiene otros efectos positivos. "Sin la carga de llevar encima cosas de valor, uno se mueve con mayor libertad; puede aventurarse en zonas menos seguras de la ciudad."

Y si hay gente en casa esperando las noticias del viajero, puede fijarse una hora para conectarse por Skype o Hangout. Contactar con la familia o amigos se convertirá entonces en un acontecimiento esperado y no habrá que reducir el tiempo dedicado al viaje.

Phillip Tang, escritor de viajes (philliptang.co.uk)

Cuando uno viaja por el mundo, debe quitarse los auriculares. De este modo se hace más accesible y es más consciente de lo que le rodea.

GUÍA RÁPIDA

ANTES DE LA AVENTURA

WEBS Y APLICACIONES ÚTILES PARA EL VIAJERO

Existe un sinfín de herramientas digitales muy instructivas y prácticas que ayudarán al viajero a planificar el viaje y llevarlo a cabo de modo impecable

Webs

Aunque sea una web anticuada, la Universal Packing List (http://upl.codeq.info/) sigue siendo una herramienta genial.

Smart Packing (www.smartpacking.com) ofrece principalmente consejos sobre cómo hacer la maleta a turistas, familias y viajeros de negocios.

Money Saving Expert (www.moneysavingexpert.com) es un excelente sitio web del Reino Unido que ofrece abundante información para contratar vacaciones y vuelos, así como consejos generales para ahorrar dinero.

Los sitios web del Ministerio de Asuntos Exteriores y Cooperación (www.exteriores.gob.es) el Departamento Consular de EE UU (http://travel.state.gov) y las de todos los correspondientes organismos de países de lengua española ofrecen consejos actualizados para viajar a numerosos países.

La Association for Safe International Road Travel (www.asirt.org) ofrece información para reducir los riesgos al viajar por carreteras de todo el mundo.

Véase en AirSafe (www.airsafe.com) datos y cifras sobre accidentes aéreos y consejos para actuar en situaciones de emergencia.

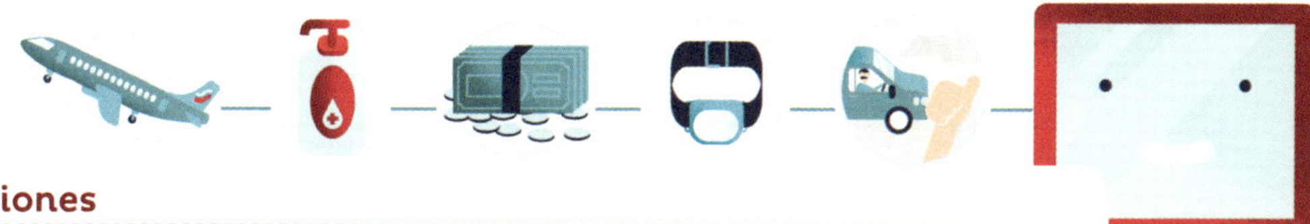

Aplicaciones

Traductor de Google
Traduce textos y voz de más de 70 lenguas

ByPost
Crea y envía postales con las imágenes tomadas
en el viaje

TripIt
Inestimable organizador de viajes y planificador
de itinerarios

Gate Guru
Información muy completa sobre aeropuertos
y terminales de todo el mundo

FlightStats
Seguimiento de vuelos en directo y estadísticas

SpeedSpot
Da la velocidad de las conexiones de internet y
ayuda a encontrar lugares wifi en todo el mundo

WordLens
Traduce palabras impresas mediante la cámara
de vídeo del teléfono

XE
Conversión instantánea de moneda

LAS PROPINAS EN EL MUNDO

Hay que informarse bien sobre los detalles de las propinas en el destino del viaje; las costumbres son distintas en cada país

Destino	Restaurantes	Bares	Taxistas
EE UU	15-20%	1 US$ por bebida	10-15%
Francia	15% por servicio según ley, 5% opcional	Raro	10%
Australia	5-10%	Cambio	Cambio
Tailandia	Redondeo	Cambio	50-100 THB
Nueva Zelanda	5-10%	5-10%	Redondeo al dólar
Reino Unido	10-15%	No previsto	10% o redondeo a la libra
España	Por servicio según ley, 5-10% opcional	Sin norma establecida	5% o redondeo
India	10-15% opcional	Poco habitual	Si son honestos
Italia	10% opcional	Cambio pequeño	Inusual
Egipto	12% por servicio,	Cantidad indeterminada	extra opcional

Destino	Restaurantes	Bares	Taxistas
Marruecos	10%	10%	Redondeo
República Checa	5-10%	5-10%	5-10%
Alemania	5-10%	5%	5-10%
Turquía	10-15%		Redondeo a 50 kurus
Cuba	10%	1 CUC por servicio, no por bebida	10%
Países Bajos	Hasta el 10%	Hasta el 10%	Redondeo o 5%
Vietnam	5%	No previsto, pero se agradece	No previsto, pero se agradece
Canadá	15%	10-15%	10-15%
Japón	No es costumbre	No es costumbre	No es costumbre
Irlanda	10%	Inusual	10%

MAPA CLIMÁTICO MUNDIAL

Si el viajero no quiere coincidir con la época de lluvias, debe estudiar bien el clima del destino para poder disfrutar a pleno sol

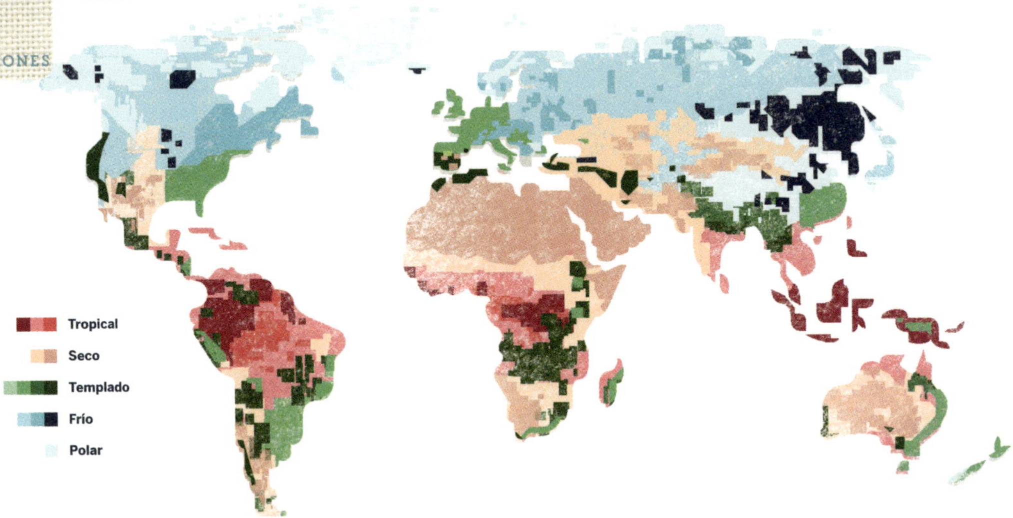

LA MALARIA EN EL MUNDO

Conviene saber en qué lugares del mundo se puede transmitir la malaria. Más información sobre cómo protegerse de los mosquitos en p. 70.

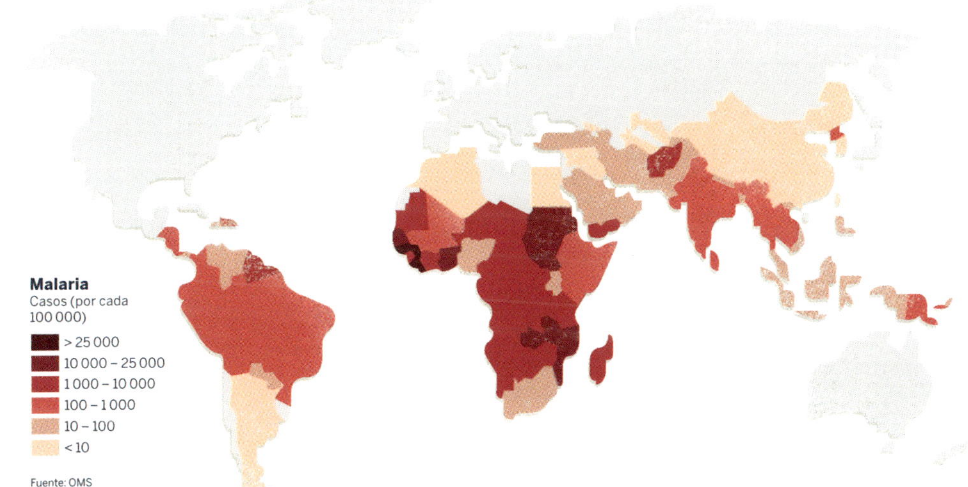

VIAJAR TODOS LOS MESES DEL AÑO

Ya se busque aventura, cultura o romance, aquí se resumen las mejores opciones de viaje en todo el mundo y para cada época del año

	Enero	Febrero	Marzo	Abril	Mayo	Junio
Playa	Costa este de Australia	Gambia	Cabo Verde	Santa Lucía	Creta	Cerdeña
Deporte	Esquí en la Columbia Británica	Navegar en las islas Whitsunday, Australia	Senderismo en Roraima, Venezuela	Escalada en roca en el Distrito de los Lagos, Inglaterra	Submarinismo y buceo, Polinesia	Senderismo en los Andes, Perú
Cultura	Visitar templos en Tailandia	Explorar fuertes y palacios mogoles, India	Ciudades coloniales y música, Cuba	Museos y galerías de Viena, Austria	Kioto antiguo, Japón	Arte y arquitectura, Glasgow, Escocia
Ciudad	Praga	Ciudad del Cabo	Beirut	París	Berlín	Londres
Luna de miel	Estancias selectas en Buenos Aires, Argentina	Playas desiertas, Maldivas	Fiestas en Río y aventuras en la selva, Brasil	Calas tranquilas en Jamaica	Escapada en una casa rural, Inglaterra	*Spa* y submarinismo en Bali y Lombok
Medio ambiente	Serpientes y monos, Costa Rica	Ballenas y focas, Península Valdés, Argentina	Orangutanes, Borneo	Parque Marino de Ningaloo, Australia	Islas Galápagos, Ecuador	Migración de los ñus, Kenia y Tanzania

	Julio	Agosto	Septiembre	Octubre	Noviembre	Diciembre
Playa	Ibiza, España	Cornualles, Inglaterra	Fiyi	Zanzíbar, Tanzania	Florida Keys	Tailandia
Deporte	Vía Ferrata, Italia	Ciclismo, Irlanda	Descensos de río en el Gran Cañón, EE UU	Safari a pie, Selous, Tanzania	Nadar con orcas, Tysfjord, Noruega	Safari en camello, Rajastán
Cultura	Conciertos de música clásica y Tesoro Imperial, San Petersburgo, Rusia	Ciudades de la Ruta de la Seda, Uzbekistán	Historia antigua y arte moderno, Estambul, Turquía	Roma antigua y moderna, Italia	Ciudades Imperiales de Marruecos Argentina	Baile y gastronomía, Buenos Aires,
Ciudad	Reikiavik	Vancouver	La Habana	Nueva York	Auckland	Hong Kong
Luna de miel	Viajar en descapotable, Italia	Paraíso tropical, Mauricio	París de lujo y castillos, Francia	Ciudad del Cabo y los Big Five, Sudáfrica	Volcanes y playas de surf, Hawái	Una vez en la vida, Australia
Medio ambiente	Oso pardo, Alaska	Gorilas, África oriental	Renos, Laponia	Cuevas de luciérnagas, Nueva Zelanda	Lémures, Madagascar	Pingüinos, Antártida

TIPOS DE ENCHUFES

He aquí un resumen de las clavijas y los adaptadores más usados en el mundo

Destino	Tipo de enchufe	Compatible con
EE UU	A, B	A
Canadá	A, B	A
Tailandia	O	-
Australia	I	-
Nueva Zelanda	I	-
Reino Unido e Irlanda	G	-
Europa*	C, E, F	C, E, F
Sudáfrica	M	-
China	I	-
Singapur	G	-
Malasia	G	-
Japón	A, B	A
Brasil	N	C
India	D	C, D

* Excepto:

Suiza y Liechtenstein
(tipo J, compatible con C)

Dinamarca
(tipo K, compatible con C)

Italia
(tipo L, compatible con C si la toma es de 10A)

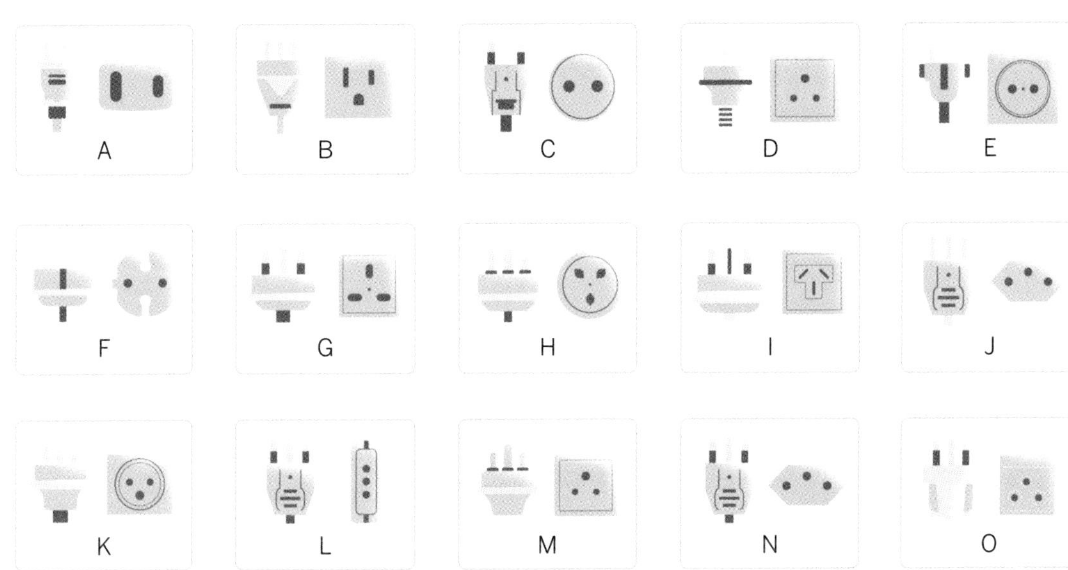

A
B
C
D
E
F
G
H
I
J
K
L
M
N
O

BOTIQUÍN ESENCIAL PARA EL VIAJE

Nadie quiere pensar que vaya a enfermar en vacaciones, pero hay que ir preparado por si acaso. He aquí algunas ideas para el botiquín del viajero

- [ ] Medicamentos que se venden con receta, como los que previenen la malaria, si son necesarios
- [ ] Paracetamol o aspirina para el dolor o la fiebre, y un antiinflamatorio, como el ibuprofeno
- [ ] Antidiarreicos para los trayectos largos en autobús
- [ ] Sobres de rehidratación oral
- [ ] Tabletas antihistamínicas y crema para alergias y picores
- [ ] Aerosol o hidrocortisona para las picaduras de insecto
- [ ] Protector solar y bálsamo labial con protección solar
- [ ] Repelente de insectos (con DEET o de origen vegetal)
- [ ] Remedios para el mareo
- [ ] Tabletas para purificar el agua
- [ ] Tratamiento para la cistitis sin receta
- [ ] Aloe vera para quemaduras y erupciones
- [ ] Tiritas de varios tamaños
- [ ] Toallitas antisépticas
- [ ] Pinzas para extraer astillas y garrapatas
- [ ] Vendas, tijeras e imperdibles
- [ ] Apósitos para las ampollas
- [ ] Kit estéril con agujas, jeringas, equipo de sutura y cánula para goteo

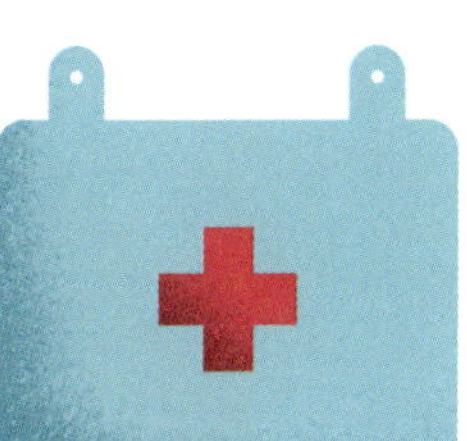

CONSEJOS DE LOS VIAJEROS

Estas son algunas de las mejores respuestas de los viajeros a la pregunta de cuál era su mejor consejo para el viaje

Escoger los compañeros de viaje con muuuuucho cuidado.

@KadiKaljuste

Si las cosas salen mal o uno hace el ridículo, seguramente será una buena anécdota que contar en el futuro.

Richard Boot, via Facebook

Observar a la gente: desde un café, en una plaza, en el parque... Me encanta ver los diversos personajes de cada lugar..

@hungrytrek

Llevar siempre unas bridas.

@fancy_clancy

Un rollo de papel higiénico.

Chris Aggerdoo, por Facebook

Hay que ser amable.
La amabilidad abre
todas las puertas.

Guiliana Reis,
por Facebook

Llevar siempre
toallitas para bebés.

Sarah Nolan,
por Facebook

Llevar un equipaje de mano con
ropa y cosas de primera necesidad.
Si se pierde la maleta, la aventura
no tiene por qué retrasarse.

@AmyErikson

Tomar un taxi hasta ver el
destino a lo lejos, entonces
bajarse y andar el resto del
camino. Se descubrirán
muchas más cosas.

@jSteies

Comer lo mismo que la
gente del lugar.

Tom McKenna,
por Facebook

ÍNDICE

AGRADECIMIENTOS

Muchísimas gracias a todos los expertos, blogueros y profesionales que han colaborado en este libro, y también a los que me han ayudado a contactar con ellos. Quisiera mostrar mi gratitud a Jess Cole y Dan Tucker, estupendos compañeros en la elaboración de esta obra, y al personal de Lonely Planet en Londres que me ha brindado su apoyo y sus consejos. Por último, gracias a Imogen Hall por su ayuda y constante inspiración.

DE LA EDICIÓN EN ESPAÑOL:
©Editorial Planeta, S.A.

geoPlaneta
Av. Diagonal 662-664. 08034 Barcelona
viajeros@lonelyplanet.es
www.geoplaneta.com - www.lonelyplanet.es
1ª edición en español: junio del 2015

©Traducción: Roser Soms, 2015
©Textos e ilustraciones: Lonely Planet, 2014
Ilustrador: Crush

DE LA EDICIÓN ORIGINAL:
Publicado originalmente con el título de *Lonely Planet's Best Ever Travel Tips*, octubre del 2014
Lonely Planet Publications Pty Ltd.
90 Maribyrnong St, Footscray, Victoria 3011, Australia
www.lonelyplanet.com. talk2us@lonelyplanet.com.au

ISBN: 978-84-08-14267-6
Depósito legal: B. 8.383-2015
Impresión y encuadernación: Talleres Gráficos Soler
Printed in Spain – Impreso en España